JN439922

청어詩人選 153

사랑이 꽃피는 뜨락

정암 이은욱 제5시집

도서출판 청어

사랑이 꽃피는 뜨락

이은욱 지음

발 행 처 · 도서출판 청어
발 행 인 · 이영철
영 업 · 이동호
홍 보 · 이수빈
기 획 · 천성래
편 집 · 방세화
디 자 인 · 김희주
제작부장 · 공병한
인 쇄 · 두리터

등 록 · 1999년 5월 3일
(제321-3210000251001999000063호)

1판 1쇄 인쇄 · 2018년 3월 1일
1판 1쇄 발행 · 2018년 3월 10일

주소 · 서울특별시 서초구 효령로55길 45-8
대표전화 · 02-586-0477
팩시밀리 · 02-586-0478

홈페이지 · www.chungeobook.com
E-mail · ppi20@hanmail.net
ISBN · 979-11-5860-543-8 (03810)

이 도서의 국립중앙도서관 출판시도서목록(CIP)은 서지정보유통지원시스템 홈페이지(http://seoji.nl.go.kr)와 국가자료공동목록시스템(http://www.nl.go.kr/kolisnet)에서 이용하실 수 있습니다.(CIP제어번호: CIP2018005633)

사랑이 꽃피는 뜨락

| 시인의 말 |

먼저
아름다운 세상으로 소풍 나올 수 있는
은총을 베풀어 주신 하느님께 감사드립니다.

제1시집 『너는 참 행복하여라』
제2시집 『천상에서 머물 수 있다면』
제3시집 『사랑할 때 떠나라』
제4시집 『모두가 길손인 것을』 출간 후,

어언 28년간 근무하였던
국민건강보험공단을 정년퇴임하고,

내 삶의 아름다운 꽃인 나눔 사랑을
실천하기 위해 '다솜 자원봉사단'을 창단하게
되었으며,

사랑이 꽃피는 뜨락

4 冬

5 일상

봉사단에서 만난 소중한 분들과 함께
활동하면서 욕심이 없는 나눔 사랑의 삶이
행복한 삶이란 걸 깊이 깨닫고

자유로운 심신이 바라본 세상 빛을 그려낸
이 詩가 '더불어 살아가는 세상 만들기 운동'을
확산시키는 작은 불씨가 되어주길 바라며

상처받은 이웃과 소외된 사람들에게 위안과
희망을 주는 '사랑이 꽃피는 뜨락'의 향기가
되었으면 하는 간절한 마음입니다.

감사합니다.

正巖 李般旭

c·o·n·t·e·n·t·s

1 春

2 夏

3 秋

봄-봄-봄!
연초록 고운 옷 입은
산야의 유혹에

벌렁 누워
파란 하늘을 바라보니
욕심이 없구나

선한 삶을 살게 하소서

겸손한 시간 속에
숭고한 하루 되게 하시고

시기와 질투 없이
사욕과 탐욕을 외면하며

사랑의 나눔 속에
가난한 이웃을 생각하고

정도와 정의 속에
내 님을 섬기는 일상으로

주님 말씀 안에서
선한 삶을 살게 하소서!

진정 봄은 왔건만

진정 봄은 왔건만
왜 이렇게
몸과 마음이 춥지?

고운 꽃이 피어도
세상은 왜
혹한 찬바람인가?

목련꽃 흐드러지게 피었는데

따스한 봄 햇살에
희망의 새싹이 움트고
목련꽃 흐드러지게 피었는데

민초(民草)의 가슴은
불망한 안개 숲이나니
제발 잔인한 4월아 쓰러져라

아름다운 때

꽃은
만개 할 때
아름답고

인(人)은
땀내 날 때
아름다워!

봄은 봄이로다

봄–봄–봄!
연초록 고운 옷 입은
산야의 유혹에

벌렁 누워
파란 하늘을 바라보니
욕심이 없구나

봄날은 간다

봄비에
초원이 웃고
꽃잎은 지니

춘화(春花)와
이별의 순간
봄날은 간다

4월의 비애(悲哀)

아-아! 4월이여!
너는 아는가?
잔인한 좌절의 아픔을

오염 찬 세상에서
울부짖던 꽃잎이
봄비에 떨어지던 날

천근 무게의 한숨
저린 손끝에서
토하는 슬픈 음률은

정녕 영원한 승자도
패자도 없는 전쟁 터에서
상처받은 민초들의

처절한 절규인데
종착역 없는
레일 위를 달리는 전차에
운전사가 없구나!

작은 소망

간구하오니
선한 길 바른길로
인도하시어

나눔 사랑의
빛을 발하는
삶을 살게 하소서!

저 사람 눈빛은

그 사람 눈빛은
어린양처럼 선(善)한데

저 사람 눈빛은
독사눈처럼 무섭군!

장미와 사랑

아름다운
장미는
가시가 있지만

아름다운
사랑은
가시가 없으며

향기로운
장미는
시들어 가지만

향기로운
사랑은
시들지 않아요

여인의 꽃

10대 소녀는
보송보송 솜털꽃 피고

20대 처녀는
몽실몽실 함박꽃 피며

40대 여인은
하롱하롱 요염꽃 피고

50대 아줌마
벌렁벌렁 갱년꽃 피며

60대 할머니
콜록콜록 기침꽃 피네

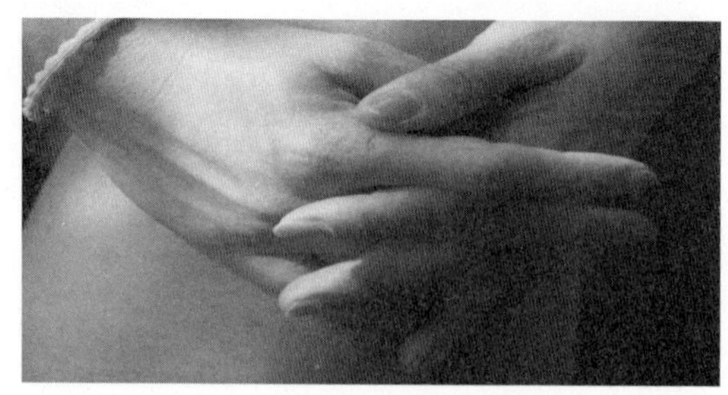

평화로운 세상을 위해

화해의 손길과
용서의 포옹을 나누고

존중의 눈길과
동행의 마음을 나누며

봉사의 발길로
나눔의 사랑을 나눠요

평화로운 세상 살리라

삶의 여정 길에
서로의 마음을
화해와 사랑을
슬픔과 고통을
가난의 설움을 나누고

소유한 재물을
허물에 관용을
봉사와 희생을
과오에 용서를 베풀면

우리의 염원인
평화로운 세상 살리라

당신은 엄마입니다

이 세상에서
가장 아름다우시며
고귀하신 분

이 세상에서
가장 많은 눈물을
흘리시는 분

이 세상에서
가장 훌륭한 스승
당신은 엄마입니다

여자의 향기

소녀의 향기와
처녀의 향기,
여인의 향기는 무엇이고

엄마의 향기와
할머니 향기는 무엇인가

영원한 여자의
고귀한 사랑
향기가 샘솟는 꽃이라오

자연을 사랑하자

자연에 순응하고
자연에 겸손하며
자연에 감사하자

자연을 숭배하고
자연을 보호하며
자연을 사랑하자

인간의 생명이고
만물의 주체이니
지구의 요람이며

우리의 후손들이
살아갈 터전이니
우리가 보존하세

내 마음의 보석상자

새로운 생각과 계획을 채우고
새로운 만남과 인연을 만들며

새로운 여정과 사계를 채우고
새로운 희망과 소망을 꿈꾸며

새로운 믿음과 신의를 채우고
새로운 양심과 도덕을 더하며

새로운 정의와 정도를 채우고
새로운 사랑과 행복을 키우는

새로운 일상을 살아야 하나니

어두운 생각과 마음을 비우고
어두운 만남과 인연을 덜어내

어두운 여정과 사계를 비우고
어두운 실망과 좌절을 덜어내

어두운 불신과 비난을 비우고
어두운 사욕과 탐욕을 덜어내

어두운 시기와 질투를 비우고
어두운 폭언과 폭력을 덜어내

어두운 부정과 비리를 비우고
어두운 미움과 불행을 없애는

내 마음의 보석상자를 만들자

애심(愛心)의 꽃

사랑의 선택은
눈으로 보면서
머리로 결정을 하나니

선택된 사랑은
간절한 마음이
피워낸 애심(愛心)의 꽃이라

그리움의 뜨락에서

그리움은
바람처럼 다가와
장미처럼 피어나고

기다림은
봄비처럼 내려와
안개처럼 피어나네

거룩한 힘

우리네 삶 가운데
가장 힘들고 나약할 때

신은 짧은 순간의
힘과 용기를 주시노라!

나는 꽃이다

나는
아침햇살에
환히 웃는 꽃이며

실바람에도
살랑 웃는 꽃이고

저녁달빛에
해죽 웃는 꽃이다

나는야 바람이어라

봄이면 꽃잎이
샤방샤방
춤을 추는 바람이어라

여름엔 숲속이
하늘하늘
춤을 추는 바람이어라

가을엔 낙엽이
살랑살랑
춤을 추는 바람이어라

겨울엔 흰눈이
사각사각
춤을 추는 바람이어라

그대와 함께 하노니

그대와 함께 하노니
외롭지 않아 좋고
슬프지 않아 좋으며

그대와 함께 하노니
기쁨을 주어 좋고
위안을 주어 좋아요

그대와 함께 하노니
믿음을 주어 좋고
안정을 주어 좋으며

그대와 함께 하노니
사랑을 주어 좋고
축복을 주어 좋아요

그대와 함께 하노니
희망을 주어 좋고
행복을 주어 좋아라!

참 좋은 만남의 참 좋은 인연을 위해

나 그대를 향하는 마음은 순수함이고
나 그대와 만남의 인연은 순수함이며
나 그대를 신뢰한 마음은 순수함이고
나 그대와 동반의 행함은 순수함이다

난 그대와 생각이 소통하길 원함이고
난 그대와 인연을 이어가길 원함이며
난 그대와 마음을 공유하길 원함이고
난 그대와 행함이 지속되길 원하노니

순수한 생각을 지워버리지 말 것이고
소중한 인연을 잃어버리지 말 것이며
신뢰한 마음을 지워버리지 말 것이고
동반한 행함을 잃어버리지 말 것이라

행복(幸福)한 삶의 꽃이어라

처음 만나는 남녀노소(男女老少)가

다정하게 손잡으며
따스하게 포옹하고

해맑은 미소로 인사하며
고운 목소리로 대화하고

뜨거운 가슴을 느끼며
진솔한 마음을 나누고

아픈 상처를 위로하며
내일의 희망을 심어주는

나눔 사랑의 봉사가
행복(幸福)한 삶의 꽃이어라

내일은 황금빛 날개로 만나세

오늘은 푸른빛 숲에서 만나세
평온한 심신의 유유한 얼굴로

석양빛 고와라 질펀히 앉아서
청솔향 동동주에 파전 권하며

너와나 인생의 흔적을 펼쳐서
한바탕 노래하며 웃어나 보세

내일은 황금빛 날개로 만나세
사뿐한 발걸음 반가운 얼굴로

푸르른 청산의 숲속에 앉아서
오염된 세상사는 잊자 하시고

우리네 인생길 풍광을 그려서
한바탕 노래하며 웃어나 보세

2

夏

우리네
삶의 여정 길에
나 머물다 떠나간 뒤
남겨질 흔적이

아름다운 빛과
고운향기로 피어나면
나는 참 좋겠네

나눔의 빛

이 마음에
작은 나눔 사랑을
수놓을 때

이 가슴엔
고운 연꽃 하나가
피어나리라

명의를 만나

삶의 여정 길에
건강 잃은 몸으로

육신의 고통
연이어지던 날에

명의를 만나
완치를 받았으면

참 좋은 인연이요
큰 축복이어라!

천근 무게의 밤

도시의 창가엔
끈적거리는
야화가 피어나고

시야에 들어온
십자가 뒤로
애심(愛心)의 터 보여도

잿빛도시의 밤
질주하는 자동차
소음이 거칠고

고독한 남자가
만상을 지우려는
선잠을 부르며

하루 하–루
찢겨지는 상처의
눈물을 훔치고

아린 통증을
애써 달래며
여명을 기다린다!

가슴속에 흐르는 강물

그늘진 얼굴의 가슴엔
상처의 눈물이 흐르고

해맑은 얼굴의 가슴엔
사랑의 미소가 흐르네

현재에 집착해 머물면

가정과 개인이
사회나 정치가 과거와
현재에 집착해 머물면
희망이 없으며,

세상은 풍(風)처럼
변화를 하는데 내일을
준비치 않으면 나라의
미래가 있겠소?

나와 다름을 인정할 때

너와 내가 본성이 다르거늘
내가 너이기를 바라면서

너의 나약함을 탓하고
너의 부족함을 탓하며
너의 흉허물을 탓하나

너와 내가 다름을 깨달으면
탓의 문제가 사라지니

네 탓이라 하지 말고
모든 것이 내게 있음을 알자

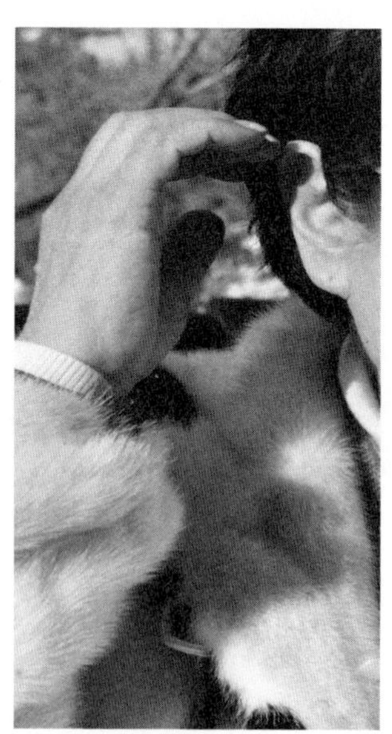

국민이 원하는 나라

국민은
훌륭한 리더를 원하고
진정한 마음을 원하며
말보다 실천을 원하면서

국민은
올바른 교육을 원하고
참다운 복지를 원하며
국민의 화합을 원합니다

국민은
정의의 실현을 원하고
협치의 정치를 원하며
나라의 안정을 원하면서

국민은
나라의 번영을 원하고
나라의 발전을 원하며
나라의 평화를 원합니다

참다운 지도자입니다

인품이 있는 지도자
덕망이 있는 지도자
사랑이 있는 지도자와

믿음을 주는 지도자
나눔을 주는 지도자
희망을 주는 지도자가

정의가 있는 지도자
신의가 있는 지도자
권위가 있는 지도자와

봉사를 하는 지도자
화해를 하는 지도자
용서를 하는 지도자가

참다운 지도자입니다

과연 누구를 위한 외침인가

오늘도
청·백군 용사들의 전쟁터엔

두 주먹 불끈 쥐고
목젖에 핏발 세우는 외침이다

도대체 누구를 위한
무엇을 얻으려는 독설인가?

종착역이 없는 레일을
달리는 화(火)차에서
촛불과 태극기가 춤을 추니

지하의 선인들이 각혈하며
탄식하는 소리만 커져가네

혼자이고 싶을 때

별일도 아닌데
마음 상할 때가 있지

따지고 보면
큰일도 아니었지만

마지막 남은
자존심이 무너져도

남자라는 이유로
참아야 하는 순간에……!

마음의 표상

마음을 비우면
얼굴에 미소가 피고

욕심을 채우면
얼굴에 그늘이 지네

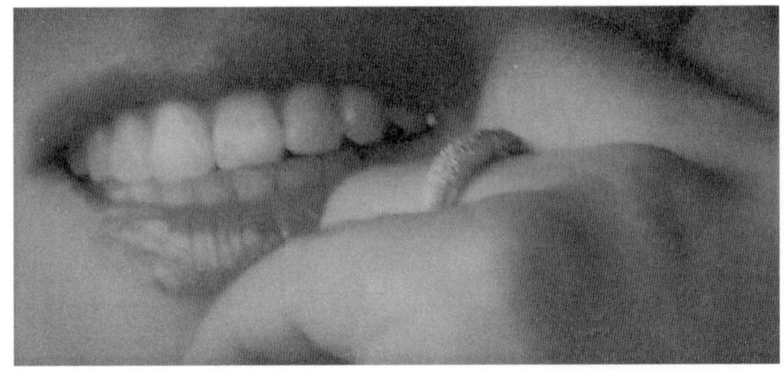

아름다운 흔적

우리네
삶의 여정 길에
나 머물다 떠나간 뒤
남겨질 흔적이

아름다운 빛과
고운향기로 피어나면
나는 참 좋겠네

다시 일어설 수 있게 하소서

나누면 합치고 싸워서 깨지고
또다시 뭉쳐서 다투고 싸우니
뭉치면 깨지고 끝내는 원수라

입으로 토하는 음흉한 거짓과
서로가 속이고 속이는 거짓의
탐욕을 채우는 비열한 거짓에

정의와 도덕이 무너진 나라의
싸움만 일삼는 패거리 정치와
비리의 인사가 판치는 정부가

너와나 내일의 희망을 빼앗아
민초의 가슴에 상처를 남기고
국가의 안위는 소홀히 하나니

국민을 하나로 통합할 지도자
난국을 구원할 참다운 지도자
나라의 평화를 유지할 지도자

이런 지도자를 내려 주시어서
꿈과 희망을 심어주는 나라로
다시 일어설 수 있게 하소서!

채울 수 없는 과욕

그렇게
더 가지고 싶었니?

제발 그만해

그런데
너 정말 행복하니?

말 말 말로서 흥하고 망하니

요즈음
갓끈 떨어지는 광경을 바라보며
온갖 난체하는 소리다

얼마나
당당한지 아우성판에
미진한 몸은 낄 자리가 없구나!

침묵하는 자(者)는 말이 없었다

요란스런
독설이 환청으로 다가와도
뼈를 깎는 대안이 없고

모두가
타인에게 탓을 돌리면
내일의 여명 빛이 밝아올까

살벌한 현장엔
좌·우가 힘겨루기만 하는데
침묵하는 자(者)는 말이 없었다

소리 내어 웃자

삶의 흔적이
비굴하거나
비열하지 않았고

부정하거나
부당하지 않았어?

그런 삶을
살았다면 웃어라

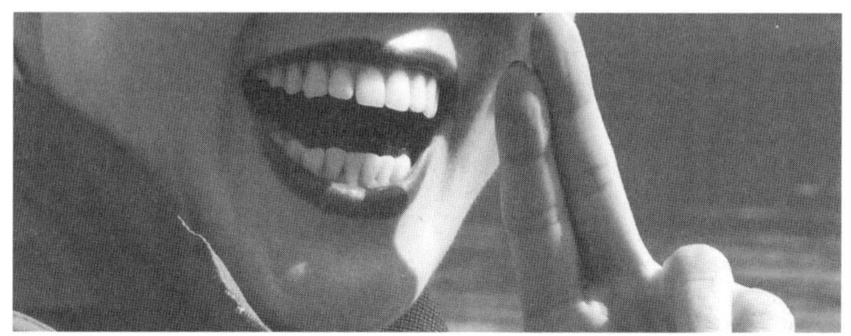

철가면 시대

기본이 없으니
원칙도 없고
정도가 없으며

느낌이 없으니
감성도 없고
나눔이 없으며

양심이 없으니
도덕도 없고
근본이 없구나!

귀에 들리는 것이 전부가 아닌 것을

눈에 보이는 것이 전부가 아니고
코에 스미는 것이 전부가 아닌 것을

입이 전하는 것이 전부가 아니며
귀에 들리는 것이 전부가 아닌 것을……!

참! 애국자가 많은 나라에

애국 정치인과 애국 공직자
애국 법조인과 애국 언론인

애국 방송인과 애국 교수와
애국 교사들과 애국 의료인

애국 연예인과 애국 노동자
애국 시민들과 애국 학생들
애국 어린이가 많은 나라에

그 중에서도 잘난 정치인이
많은 나라가 왜 요지경인지
입이 있으니 말 좀 해 봐요!

주름

얼굴의 주름은
삶의 훈장이며

마음의 주름은
삶의 상처라오

사상누각(沙上樓閣)

신뢰 없는 말과
허울 찬 말에
신의 없는 말로

사심을 채우려
몸부림치면
하늘이 채워줄까

시냇물처럼 가는 게야

햇빛 찬란한 숲속
졸졸졸 흐르는
시냇물에 몸을 실어

살랑살랑 떨어지는
꽃잎향기에 취해
새롱새롱 웃음 지으며

굽이길 휘감다가
우쭐한 바위를 만나면
옆구리 한번 찔리고

엉금이 가재와
왕눈이 개구리를 보면
히죽 인사 나누고

어둠이 찾아오면
달님과 함께
밤새워 숨바꼭질하다가

시샘하는 여명 빛에
기진한 몸
대지에 누웠어라

사랑이 꽃피는 뜨락

그대가
나를 사랑한다면

나 외로울 때나
서러울 때
나 슬퍼할 때에

그대의
사랑 담긴 꽃물을
뿌려주어요

인생의 보석이지

눈물은
마음의 표상이며

눈물은
사랑의 꽃물이니

눈물은
인생의 보석이지

그리움

그리움이란
조건이나
시간이 필요치 않아

그리움이란
환경이나
이유를 말하지 않아

그리움이란
애타도록
그립고 보고픈 거야

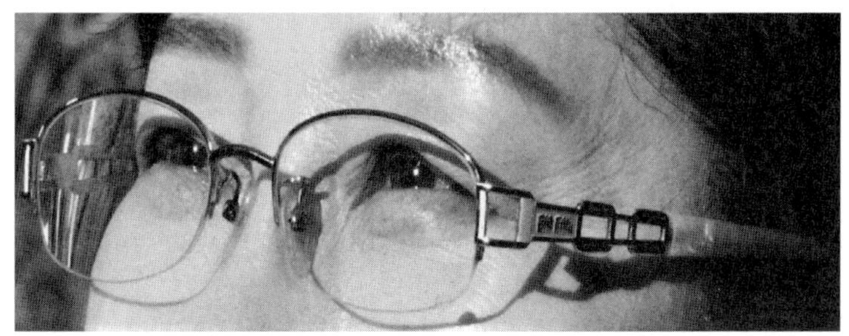

산이 나를 품으니

산이 나를 부르니
나는 산(山)을 오르고

산이 나를 품으니
나는 산(山)을 섬기리

명품인생

당신의 아름다운
삶의 흔적엔
웃음이 있고
눈물도 있습니다

이별의 눈물 채우고

홀로 가야 할
머-언
여정 길을 떠날 때

고운 님 미운 님
고운 정 미운 정
모두 다 이에 두고

선한 거짓말 위로가
돌아올 수 없는
이별의 눈물 채우며

반백의 수빈 더듬는
애잔한 손길이
가녀린 얼굴 스칠 때

아린 눈물을
흘리는 것은
미련의 끈 잡으려는

잔존의 혼마저
멀어진 이승의

마지막 슬픔이어라

머무는 곳에

집에 머무니
가정이 보이고

길을 나서니
인생이 보이며

산에 오르니
세상이 보이네

눈물이 흘러도

기쁠 때
흘리는 눈물은

시원하며
달콤하고
후련하니
행복(幸福)함을 주고

슬플 때
흘리는 눈물은

뜨거우며
짭짤하고
서러우니
서글픔을 주네

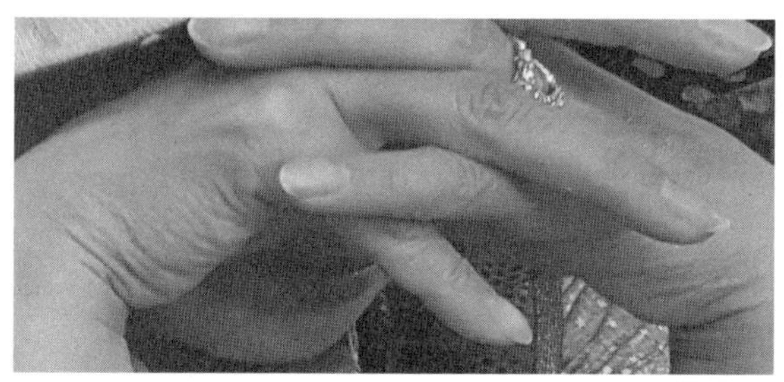

삶의 흔적이

좋은 흔적은
추억이 되고

슬픈 흔적은
상처가 되네

나를 사랑한다면

그대가
나를 사랑한다면

나 외로울 때나
서러울 때
나 슬퍼할 때에

그대의
사랑 담긴 꽃물을
뿌려주어요

그대 그리움에

그대 그리움에
해지는 석양빛
환희로움에 울고
밀썰물 황금빛
춤사위에 우나니

그대 그리움에
약속한 하루가
속절없이 저물고
암울한 도시의
불빛조차 서럽네

운명

애초부터 주어진 거고
시작부터 정해진 거면

살다보면 변하는 거고
노력하면 취하는 거야

가다보면 기쁨도 있고
지내보면 슬픔도 있지

적당하면 편함을 주고
지나치면 불편을 주니

미워하면 불행이 오고
사랑하면 행복이 오네

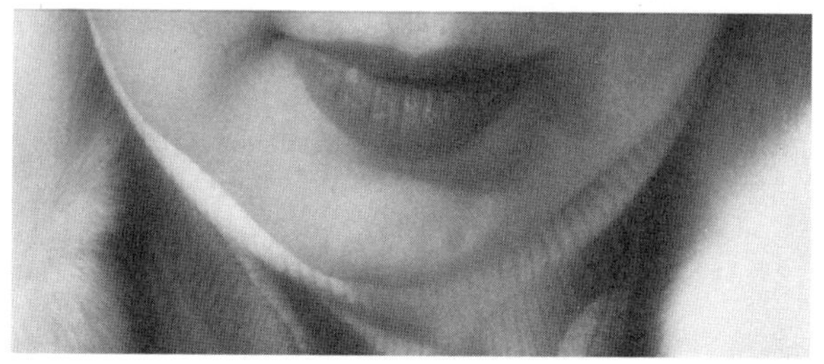

사랑과 미움

누군가를 사랑하면
왠지 모르게
가슴이
두근두근 설레지만

누군가를 미워하면
왠지 모르게
가슴이
울컥울컥 답답하죠?

순례

긴 세월 참아 온
눈물이 주르륵!
볼 위로 흘러내리고

검은 머리칼이
'싹-뚝!'
땅 위로 떨어지던 날에

칼바람 이는 황톳길
비바람 부는 자갈길
눈보라 치는 비탈길을

헐어진 옷깃 여미며
기진한 발길 내디딜 때

찢겨진 신발 사이로
검붉은 부종 발가락

갈기진 손등 헤집어
살 에이는 동풍이어라

걷다가 지쳐 쓰러져
마지마 호흡을 기둘 때

눈보라 치는 광야의
설인이 되는 순간에

고행의 행장 내리어
가리라 귀천하리라

행복과 불행

우리네 삶 중에
가장
행복(幸福)한 일은
사랑하는 것이며,

가장
불행(不幸)한 일은
미워하는 것이다

미움이 없는 사랑을 나누자

양귀를 넓혀 소리를 듣고
입술을 열어 가려서 말하며

사심이 없는 눈으로 보고
마음을 열어 세상을 느끼며

인성을 채운 사람을 얻고
부초와 같은 인생길 걸으며

편견이 없는 공명을 찾고
사상을 지워 평화를 지키며

만남을 가려 인연을 맺고
미움이 없는 사랑을 나누자

가을 숲이 주는 행복(幸福)

오염 찬 인(人)의 숲을 떠나
가을의 숲으로 들어가자

고와라 피어나는
야생화 향기 아스라하고

황홀한 만산홍엽(滿山紅葉)
산객들 탄성 메아리치니

투-두둑! 알밤과
도토리 떨어지는 소리에

산토끼 다람쥐와
새들이 잔치하는 숲속의

청아한 물소리가
기진한 갈증을 덜어주고

시기와 다툼이
없어 행복(幸福)한 뜨락이어라

삶 가운데

나의 꿈과 희망을
잃었을 때
좌절의 아픔을 겪었고,

나의 모든 것을
비웠을 때
초연한 마음을 얻었다

가을여행

가을이 가기 전에
추억 여행을 떠나자

산천이 아름답고
음식이 맛스러운 곳

내님이 동행하여
사랑이 피어나는 곳

추억을 엮어내어
행복을 선물하는 곳

해외는 아니어도
님과 함께 떠난다면

심신이 평안하니
난 정말 행복하겠네

내 몸이 떨어져서

희망을 잉태하던 봄
물오른 엄니나무
젖 먹고 자란 나뭇잎의

우쭐한 영화도
무더위에 화상을 입어
추풍에 쓰러지니

하루 먼저 간다고
서러워할 것 하나 없고

하루 늦게 간다하여
기뻐할 것 없어라

우리네 인생도
이와 다를 것이 없나니

잘났다 우쭐대고
못났다 슬퍼마라

부평초 같은 우리네
인생 뜬구름만 같구나

늦가을 서녘아

툭-! 가을낙엽
허공을 돌아
대지에 잠드는

흘러간 세월에
청춘이 가고
사랑도 떠나니

쓸쓸한 마음이
샘솟는 순간
애절한 음률에

그리움 채우는
울컥한 눈물
늦가을 서녘아!

마음을 비우는 일상을 살자 하네

소슬한 바람이 불어와
휘날리는 낙엽이 대지에 삼드니
가을 사내의 애잔한 눈물이어라

아무리 울고 싶어도
서러운 눈물은 그만 멈추라 하는
약속한 가을이 떠나면 찾아오는

혹한의 겨울이 되면
쓸쓸한 마음이 깊어져 가더라도
새싹이 움트는 봄날을 기다리며

추위를 견뎌야 하니
화사한 미소의 얼굴로 살자 하고
마음을 비우는 일상을 살자 하네

아리랑 쓰리랑 재 넘어가는
아리랑 광야의 사내여
부초 같은 인생 아리랑 아라리요

아리랑 쓰리랑 재 넘어가는
아리랑 고갯길 사내여
부초 같은 인생 아리랑 아라리요!

신호

가을아!
너 떠나갈 때
제발 간다고
말해주면 안 되겠니

야속한
너 떠나갈 때
아무 말 없이
홀연히 떠나지 마라

비릿한 여운을 남긴 산야에

만인의 탄성으로
비릿한 여운을 남긴 산야에

불타오르던 만산홍엽과
이별할 시간이 지척인데

옷깃 여미는 허한 가슴
채워줄 님의 발길 언제인가

표시

그대 가슴이
나를
너라고 표시하면

이내 심장이
너를
나라고 표시할게

가을이별

내 젊음이
떠나면
낙엽이 되고

내 영혼이
떠나면
대지에 눕네

사랑이 꽃피는 뜨락

이 세상에서
가장 아름다운 건 사랑입니다

그 사랑이 영원할 수 있게
우리들 마음속에
'사랑이 꽃피는 뜨락'을 만들어요

그 뜨락을 만드는 데
돈이나 허가는 필요 없으니
아무런 부담감을 갖지 마세요

그 곳에 우리 가족·이웃
·나라·자연사랑 꽃씨를 심어
사랑의 손길로 가꾼다면

그 새싹이 건강하게 자라
아름다운 사랑 꽃이 활짝 피어나

우리 마음의 시기와 질투가
사라지고 증오와 미움이 없는
평화로운 세상이 찾아오리니

아름다운 뜨락에서
사랑하며 살아갈 수 있도록
'사랑이 꽃피는 뜨락'을 만들어요

사랑이 꽃피는 뜨락

4 冬

어제는 주연으로
오늘은 조연으로

웃다가 울며
환희의 찬가
슬픈 연가 부르며

한 막 한 막
엮어가는
연기자 삶인 게야

노년의 하루

정신이 혼미하니 기억은 가물가물
시력이 희미하니 사물도 흐릿하며

입맛이 쓰디쓰니 밥맛은 없어지고
고막이 상하나니 소리는 아득하며

등짝이 휘어지니 허리가 부실하고
무릎이 지끈하니 걸음은 뒤뚱이며

위장이 헐어지니 소화가 불량이고
골신이 비실하니 심신이 처량하며

날마다 찾아가는 약국과 병원이니
백세를 산다한들 무엇이 행복할까

하루를 살아도 건강한 삶이어야지
행복한 삶이요 노년의 소망이나니

건강을 잃으면 모두가 부질없어라

연극 인생

지친 내 삶이
서러워서
약속한 인생이여!

그대 굽어진
미운 삶의
현실이 버거워도

만남의 기쁨과
이별의 슬픔도
연극의 한 막이니

어제는 주연으로
오늘은 조연으로

웃다가 울며
환희의 찬가
슬픈 연가 부르며

한 막 한 막
엮어가는
연기자 삶인 게야

졸혼(卒婚)

뭐! 그렇게
긴 세월도 아닌데

이미진 애심
식어진 체취
싸늘한 눈빛
야속한 미련
쓰러진 흔적

뭘 지우려고
넌 졸혼(卒婚)을 하는가?

선인(先人)은 후인(後人)의 거울

참 교육이 무너진 땅에
기본과 원칙도 없어
정의와 도덕이 추락하여

선한 가면의 선인(先人)들이
악한 언행(言行)을 토하니
후인(後人)의 희망이 사라지네

화해와 용서가 필요한 때

가정·학교·일터·사회·나라에서
각자에게 주어진 일을
기본과 원칙을 지켜 수행하면
밝은 미래가 찾아올 것입니다

또한 급변하는 사회 속에서
현실에 안주하거나
과거에만 집착하면 결코
미래로 나아갈 수가 없습니다

하루라도 평온한 날이 없는
이 땅에 살고 있는
민초들 아픈 상처를 치유할
화해와 용서가 필요한 때입니다

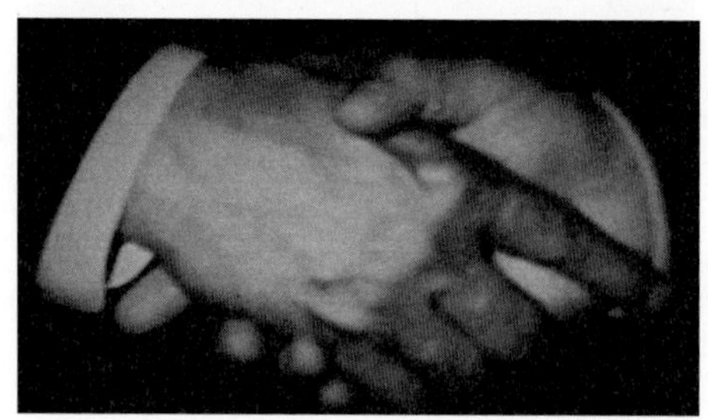

병든 인간세상

정신이 심약하고
육신이 병든 세상에

거짓이 진실이 되고
폭력(暴力)이 난무하여

불법(不法)이 정당화 되어
비리(非理)를 눈감으면

죄의식 없는 악정(惡政)의
정치로 타락하니

신이시여!
병든 인간세상을
치유할 백신을 주오

어떤 악(惡)한 말을 하여

오늘도
말로서 아침을 맞이하고
말로서 저녁을 맞이하니

오늘은
어떤 선(善)한 말을 하고
어떤 악(惡)한 말을 하여

오늘도
얼마나 많은 위안을 주고
얼마나 많은 상처를 줬소?

함께 살아가야 할 땅

교육이 추락하여도
세상이 어지러워도
세상이 혼란하여도
세상이 추악하여도

비리가 온상이어도
정치가 파행이어도
정부가 갈팡거려도
안보가 위태로워도

너와 내가
함께 살아가야 할 땅
사랑하는 대한민국
우리 모두 수호하세!

마이동풍(馬耳東風)

참된 지도자라면
쓴 소리와 단 소리를
경청할 수 있는
포용과 지혜가 필요해

국가의 난세를
우려하는 쓴 소리에
마이동풍(馬耳東風)하는
지도자의 미래는 없어

만물의 쉼터

온 하늘을
자유롭게 날던 새들이
대지에 잠들고

온 대지를
자유롭게 걷던 사람도
대지에 잠드니

만물의 쉼터를
지킬 수 있는
인간의 양심이 필요해

My Way

세상에 상처받고
버림받은
선량한 영혼이여!

그대 삶 여정 길
비바람과 눈보라를
비탈길과 폭풍우도
견딜 수 있도록

생각하여 결심하고
준비하여 도전하며
무장하여 출발하고
전진하여 나아가며
부딪치며 견디어서

노래하며 즐기어라
쉬어가며 인내하고
위로하며 순응하라
기도하며 의지하고
일어나서 완주하라

여인(女人)의 샘

콩닥콩닥!
하루를 함께 살아선
절대 알 수가 없고

소곤소곤!
1개월을 함께 살아도
정말 알 수가 없는

알콩달콩!
1년을 함께 살아도
참! 알 수가 없고

오순도순!
10년을 함께 살아도
허참! 알 수가 없네

이렁저렁!
50년을 함께 살아도
끝내 알 수 없다면

비실비실!
100년을 함께 살면
혹시 알 수 있을까?

'아름다운 소풍이었다'고 외치며 떠날 거야

어서 일어나 우리 함께 손잡고 나가자
따스한 손길 힘이 솟는 발걸음에 희망이 있어

어제의 고난과 오늘의 고달픔에도
세상을 원망하거나 환경을 탓하지 않아

잘 난 것이 없고 가진 것은 없지만
보석처럼 소중한 건강과 맑은 심신이 있으니

세찬 비바람과 눈보라가 닥쳐도
견딜 수 있는 힘과 용기가 있으니 두렵지 않아

힘겨운 오늘이 고달프지만
내일은 밝은 태양이 다시 떠오를 테니까

봄·여름·가을·겨울 변상의 사계 속에
세상이 급변해도 우리의 여정은 멈출 수 없어

해 저문 골목에서 김치를 안주 삼아 마시는
술잔에 비친 귀여운 자식들 얼굴에

콧노래 부르며 발걸음 휘청거리는 귀갓길
비좁은 방에 옹기종기 모여 앉은 꼬마들의

해맑은 웃음에 시름을 달래는 것이 행복이라
높은 빌딩도 탐욕에 찬 권세도 다 부럽지 않네

우리 삶의 꽃 '나눔 사랑의 삶'을 살다가
이 세상 소풍을 마치고 귀천하는 날

고운 미소의 얼굴로 훨훨 하늘을 날며,
'아름다운 소풍이었다'고 외치며 떠날 거야

불효한 자식이 눈물을 흘리는 건

불효한 자식이 눈물을 흘리는 건
힘없는 엄마의 눈빛을 마주할 때
가냘픈 엄마의 음성을 들었을 때
주름진 엄마의 손등을 잡았을 때
휘어진 엄마의 허리를 바라볼 때
연약한 엄마의 모습을 보았을 때

유년의 철없던 시절에 영원할 줄
알았던 엄마의 고왔던 젊음이 훌
가버린 야속한 세월은 돌이킬 수
없기에 서러워 흐느껴 울고 있는
눈물은 불효한 아들이 회한에 찬
눈물로 용서를 구하는 핏물이라오

누가 누구를 심판 하는가

세상은 아무도 그를 위해
구원의 손길을 건네지 않았다

수많은 입들이 토하는 말은
아무런 위안을 주지 못하고

사악한 몰이로 옥죄는
고통을 견뎌야 하는 현장에서

정의(正義)와 진실(眞實)을 파괴한
선동자가 던진 돌팔매에

무참히 찢겨진 몸의 선혈로
피눈물 흘리는 선각자(先覺者) 앞에서

거짓미소의 가면을 쓰고
누가 누구를 심판 하는가?

저 태양이 떠오르듯
침묵의 세월도 흘러가려니

그리 머지않은 날 저편에
묻어둔 진실의 캡슐을 꺼내어

세상에 알리는 날이 오면
소리쳐 울리라 한껏 통곡하리라

희로애락(喜怒哀樂) 여정 길에

떠오르는 태양 아래
희망을 꿈꾸면서 결실이 맺어지고

밝아오는 달빛 아래
휴식을 취하면서 내일을 기다리며

타오르는 열정 속에
명예를 얻으면서 영광도 누렸지만

변상하는 사계 속에
추억은 쌓여가나 황혼이 짙어지고

흘러가는 세월 속에
청춘도 떠나가고 노년을 맞이하니

희로애락 여정 길에
건강을 축복받은 삶이면 행복일세

가짜 인생

생김이 가짜니
마음도 가짜고

양심이 가짜니
만남도 가짜며

행동이 가짜니
인생도 가짜라

모두가 가짜니
흔적도 가짜네

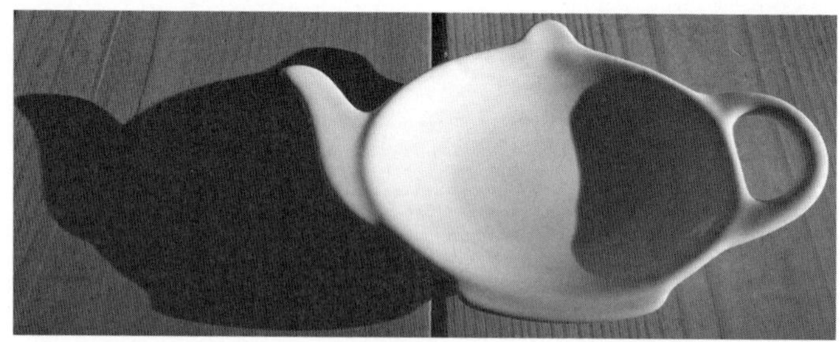

시계

시계는 필요 없어
시간이 두려울 뿐이지

시계는 필요 없어
마음이 두려울 뿐

시계는 필요 없어
세월이 두려울 뿐이야

좋은 만남의 선(善)연이면

우리네 인생을 살면서

누구와의 만남은
참으로 중요한 것이니

좋은 만남의 선(善)연이면
기쁨과 행복을 주지만

나쁜 만남의 악(惡)연이면
아픔과 불행을 주지요

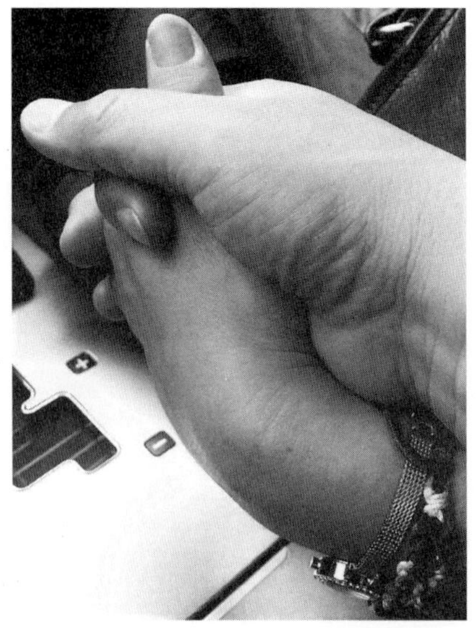

무너진 정의

눈이 멀었고
코가 막혔지

귀가 막히고
혀가 굳었지

그게 아니면
혼이 나갔나?

바른 소릴 듣지 못하면

눈은 있으나
사물을 바로 보지 못하고
코는 있어도
향기를 가려 맡지 못하며

혀는 있으나
선한 말을 하지 못하고
귀는 있어도
바른 소릴 듣지 못하면

만민의 아픈
상체기를 알 수 없으니
민초의 상처
외면의 늪에 빠졌는가?

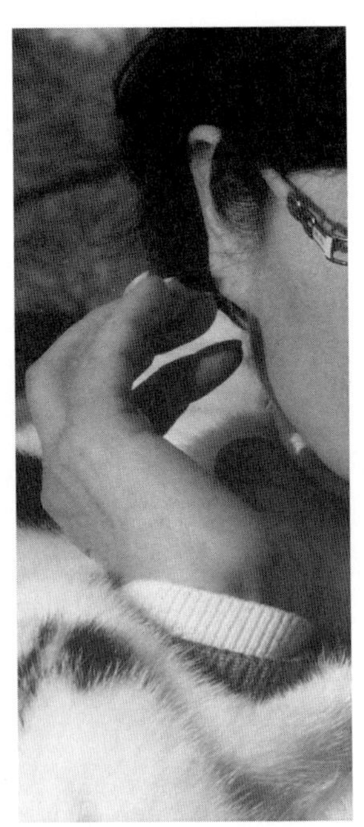

난세에 영웅이 난다지만

보아라! 이 난세에
나라가 온통
냄비처럼 들끓고 있는데

하지만! 이 난국을
타개할 수 있는
지혜로운 현자(賢者)가 없구나!

잿빛 오염된 도시를

첫눈이 내려와
잿빛 오염된 도시를
하얗게 덮으니

차마 저 눈이
지쳐버린 삶의 무게를
덜어낼 수 있었으면……!

너희는 그리도 좋은가

태양은 여지없이 떠오르고
세상은 오염의 늪으로 질주하는데

인간이 쳐 놓은 덫에
첨벙첨벙 빠져드는 소인들

허우적거리는 아우성에
낄낄대며 나뒹구는 옹리혜계들아!

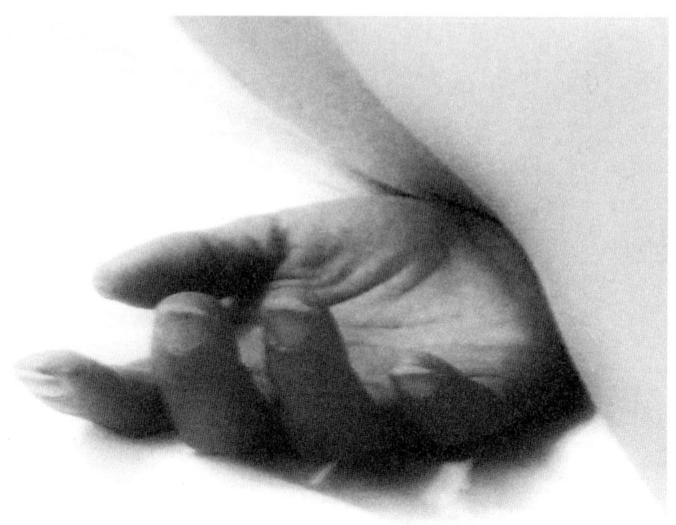

희망의 날개를 잃은 땅에

아침이 열리면
끝없는 논쟁이 벌어지고

모두가 자신의
주장을 하지만
대안이 없으니 어찌하나

새날이 밝아도
변화가 없으며
분쟁만 커지니 어찌할까

기본과 원칙이
무너진 나라의
미래가 없으니 어찌하나

정의와 도덕이
무너져 사회의
질서가 없으니 어찌할까

변하는 세상에
대응치 못하고
과거에 머무니 어찌하나

저마다 허울과
거짓의 입으로
탐욕을 채우니 어찌할까

민심이 천심인
세상의 이치를
깨닫지 못하니 어찌하나

나눔과 봉사가
부족한 사회에
사랑이 없으니 어찌할까

보수와 진보로
나뉘어 협치를
모르는 나라를 어찌하나

화해와 용서를
모르는 나라에
평화가 없으니 어찌할까

사랑이 꽃피는 뜨락

5
일상

당신은
내 삶의 여정을
함께 하는 동반자요

이 세상
아름다운 소풍을
함께 하는 벗입니다

감사의 일상

나 오늘도
존재할 수 있음에
감사드리고

나 이만큼
건강할 수 있음에
감사드리며,

나 오롯이
살아갈 수 있음에
감사합니다

내 삶의 동반자

그대가
내 곁에 있으니
난 정말 행복(幸福)합니다

당신은
내 삶의 여정을
함께 하는 동반자요

이 세상
아름다운 소풍을
함께 하는 벗입니다

정치인과 정치꾼

정치인은
민심(民心)과 전심(天心)을 알고
사욕이 없는
의정활동에 충실(忠實)하나

정치꾼은
민심(民心)과 천심(天心)을 잊고
사욕에 차니
의정활동에 불충(不忠)하네

파계(破戒)

낮은 자리에서
이 마음을 세상에 전하며
그대 사명을 알렸으나

높은 자리에서
그대 이 마음을 외면하니
공명도 여기까지로다

행복을 주는 동행

나눔 사랑이 좋아
밝은 웃음 나누며

선한 봉사가 좋아
동행 걸음 합니다

행복한 삶과 불행한 삶

나 그대를 사랑한다면
삶의 희로애락(喜怒哀樂)으로
행복(幸福)한 삶의 세상이나

나 그대를 미워한다면
삶의 불희불락(不喜不樂)으로
불행(不幸)한 삶의 세상되리

자연을 외면한 죄로

아름다운 산천은 온갖 쓰레기장이 되고
청정하던 공기는 혁한 악취를 풍기나니

오염 찬 대지에 희귀바이러스가 침탈해
주범인 인간들이 병마와 싸우다 떠나네!

동행의 길

생각이 다르면
가는 길이 다르고

마음이 다르니
걷는 길도 다르며

행동이 다르면
도착 길이 다른데

우리는 동행의 길
가고 있나요?

선(善)과 악(惡)의 일상

사랑은
또 다른 사랑을 주며
관용은
또 다른 관용을 낳고

용서는
또 다른 용서를 하며
미움은
또 다른 미움을 주고

화해는
또 다른 화해를 하나
증오는
또 다른 증오를 하네!

바람처럼 살다 가리

자연 앞에
모든 것이 자유롭다

그 가운데
내가 함께 존재하니

이내 삶은
흙이요 물과 불이니
바람처럼 살다 가리

친구

넌

언제
어디서
어떻게 만나도
마냥 편안할 수 있는
친구가 되어줘
정말로
좋아

난

사랑하기 때문이야

그대가
내 곁을 떠나갔어도

당신을
그리워하는 것은

그대를
사랑하기 때문이야!

참새 떼

너도 나도
아침부터 저녁까지
짹 짹 짹!
다를 것이 없는데

좌와 우가
하냥 이러쿵저러쿵
짹 짹 짹!
믿을 것이 없구나!

길

나는
어디로
가고

너는
어디로
가니

행복은

행복(幸福)은
먼 곳에 있지 않으며,

행복(幸福)은
내 마음 안에 있지요.

삶의 선택

사랑의 시작은
행복(幸福)의 출발이며,

미움의 시작은
불행(不幸)의 출발이죠

사랑과 미움

우리 마음속에는
사랑하는 마음과
미워하는 마음이
공존하고 있으니

누구를 사랑하면
행복한 삶이지만
누구를 마워하면
불행한 삶이어도

우매한 인간들의
사랑하는 마음이
미워하는 마음을
감싸지 못합니다

시인(詩人)으로 살고 싶어

내 슬픔 토해내는
시인(詩人)으로 살고 싶어

내 사랑 꽃피우는
시인(詩人)으로 살고 싶다

천지(天地)를 노래하는
시인(詩人)으로 살고 싶어

세상 빛 엮어내는
시인(詩人)으로 살고 싶다

거짓말 세상에

착한 거짓말은
행복을 주지만

악한 거짓말은
불행을 주지요

자문자답(自問自答)

리더가 되기 위한
인성과 도덕심을 갖추고 있나

투철한 사명감과
올바른 국가관을 가지고 있나

희생봉사정신의
나눔 사랑을 실천하고 있는가

허울 찬 말보다
몸으로 실천하는 삶을 사는가

지역사회발전과
문화·예술발전을 위해 사는가

조직운영을 위한
인재등용과 협치를 하고 있나

권위주의가 아닌
권위 있는 덕목을 갖추었는가

사심을 비우고
공심을 유지할 신망이 있는가

현장문제 인식과
문제를 해결할 능력이 있는가

선동분열이 아닌
소통과 화합을 할 수 있는가?

좌절이 아닌 희망을

가난은 죄가 아니며
무학이 죄가 아니고

지병도 죄가 아니라
환경이 다를 뿐이며

초라한 삶이 아니니
희망의 꿈을 꾸어요

얼굴을 보면

아주 천천히
얼굴을 보면

천성(天性)과 인성(人性)
내심(內心)이 보여

척병에 걸리면

사랑하는 척
화합하는 척
용서하는 척
애국하는 척하고

정직한 척
청순한 척
청렴한 척
청빈한 척하면서

정의로운 척
자비로운 척
자유로운 척
평화로운 척하네

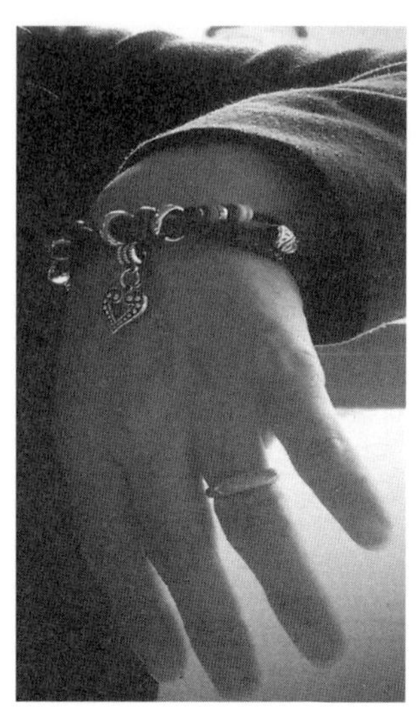

아래를 보니

위를 보면 목이 아프지만
아래를 보니 목이 편하고

위를 보면 욕심이 생기나
아래를 보니 욕심이 없네

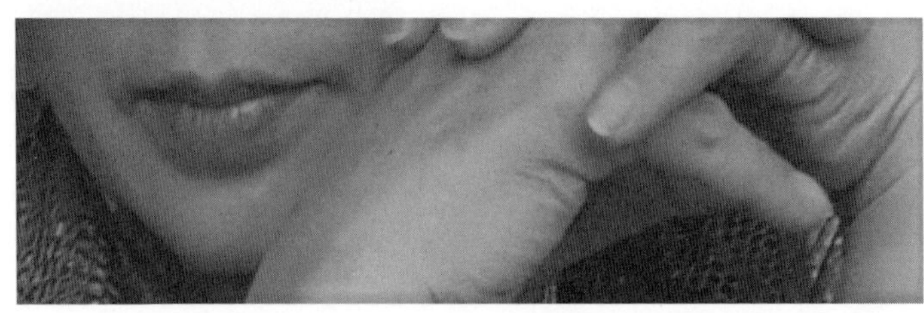

우리 대한민국을 사랑합니다

나라사랑은
입으로 하는 것이 아니나니

나라사랑은
행동으로 실천하는 것입니다

나라사랑은
보여주기 위함이 아니라
숭고한 마음으로 하는 것이고

나라사랑은
이로울 때만 행하지 않고
희로애락을 함께 하는 것이며

나라사랑은
온 국민이 하나 되어
표출하는 애국심의 발로입니다

참 지도자의 힘은 무엇인가

참 지도자의 힘은
세치 혀끝에서 나오는 것이 아니라
깊은 인품에서 나오는 것이며

악(惡)한 행동에서 나오는 것이 아니라
선(善)한 행동에서 나오는 것이다

참된 정치인은

참된 정치인은
기본과 원칙을 준수하고

민의를 받들어
청렴한 의정활동을 하며

국민과 나라발전에
헌신 봉사하는 일꾼이다

단말과 쓴말

귀에 듣기 좋은 말이라고
모두가 좋은 말이 아니며

귀에 듣기 싫은 말이라고
모두가 나쁜 말이 아니니

정직한 마음의 참된 말과
부정한 생각의 속임 말을

혜안으로 가려낼 수 있는
지혜와 덕망을 갖춰야 해!

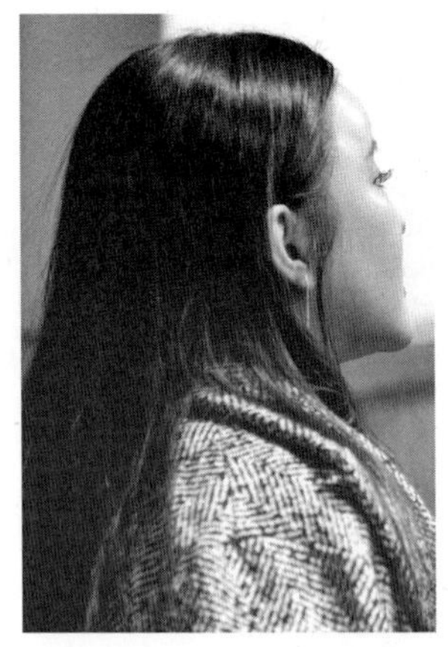

참말과 거짓말

참말과 거짓말의
차이는
진정 무엇일까요?

참말은
정직한 마음으로
정화된 샘물이며,

거짓말은
부정한 생각으로
오염된 폐수라오

꿈꾸는 나라

가정이 평안하면
사회가 안정되고

정치가 올바르면
나라가 안정된다

삶 중에 얻는 것과 잃는 것

이 세상을 살아가면서
가장 어려운 일은
사람의 마음을 얻는 것이며,

이 세상을 살아가면서
가장 쉬운 일은
사람의 마음을 잃는 것이다

선(善)한 말과 악(惡)한 말 속에

선(善)한 말은 단맛을 주고
악(惡)한 말은 쓴맛을 주며

선(善)한 말로 건강을 얻고
악(惡)한 말로 지병을 얻네

선(善)한 말에 화해를 하고
악(惡)한 말에 싸움을 하며

선(善)한 말로 친구가 되고
악(惡)한 말로 원수가 되네

선(善)한 말에 결혼을 하고
악(惡)한 말에 이혼을 하며

선(善)한 말로 사랑을 하고
악(惡)한 말로 이별을 하네

선(善)한 말에 사람이 살고
악(惡)한 말에 사람이 죽어

선(善)한 말은 행복을 주고
악(惡)한 말은 불행을 주니

선(善)한 말에 평화가 있고
악(惡)한 말에 전쟁이 있네

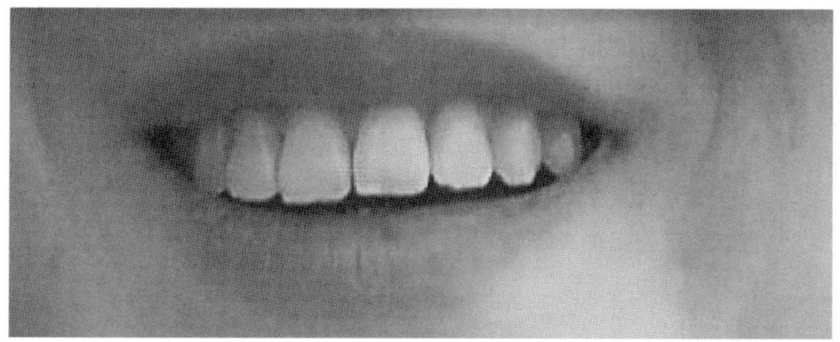

대한민국의 자랑

얼굴이 고우신 님
마음이 선하신 님
생각이 착하신 님

눈빛이 맑으신 님
건강이 좋으신 님
말씀이 선하신 님

손길이 따스한 님
발길이 사뿐한 님
행실이 곧으신 님

믿음이 깊으신 님
우정이 깊으신 님
사랑이 많으신 님

일상이 희망인 님
나눔이 일상인 님
손맛이 좋으신 님

음식을 살리는 님
문화를 전하는 님
한국을 알리는 님

감선님과 함께 할
수 있음이
행복한 삶입니다

기도를 생활화 하자

간절한 기도는
중중 암세포도 죽이며

암흑 동굴에서
어둠을 밝혀주는 한줄기
빛이 되어주고

억제할 수 없는
분노를 삭혀줄
평정의 문을 열어 주며

삶의 일상 중에
불편하고 미운 자를
용서할 수 있는 지혜와

좌절의 늪에서
꿈과 희망을 찾아주는
삶의 보약이죠

터에서 자신을 돌아보자

가끔은 칠흑 어둠의
터에서 자신을 돌아보자

마음의 눈을 열고
나는 누구인가 자문하라

나는 어디서 왔나?
나는 어디로 가나?

이제 조급함이 사라지고
삶의 여유로움이 있는가?

나누면 행복해

마음의 욕심과
채움의 욕심을 버리고

마음을 나누며
채움을 나누면 행복해

행복한 진동

그대 마음이 다가오면
고운 향기가 스며들고

그대 진실이 다가오면
참된 사랑이 스며드네

나눔 길을 동행하는 친구여

바른 길을 동행하는 친구여
사랑 길을 함께하는 벗님아

나눔 길을 동행하는 친구여
선한 길을 함께하는 벗님아

고행 길을 동행하는 친구여
귀천 길을 함께하는 벗님아

우리 제발 변함없이 지내자
제발 우리 이대로만 살아요

선(善)연의 꽃

인생 여정 길에
만남과 헤어짐이 있어

너와나의 존재가
서로에게 영향을 주고

기쁨의 행복(幸福)과
분노의 불행(不幸)을 주나니

악(惡)연을 지우고 선(善)연의
꽃을 피워야 하네

거룩한 당신을

나
당신을 사랑한다고
그 누가 질투를 하며

나
당신을 따라간다고
그 누가 슬퍼하리오

나
당신을 사모한다고
그 누가 시기를 하며

나
당신을 추앙한다고
그 누가 질투하리오

오직 한 사랑
나의 영원한 사랑아!
당신을 사랑합니다

나눔의 빛

재물이 풍족하지 못해
가난한 것이 아니라

재물이 넘쳐도 나눌 줄
모르는 것이 가난이니

가진 것을 나누는 것이
참 행복한 삶입니다

| 맺음말 |

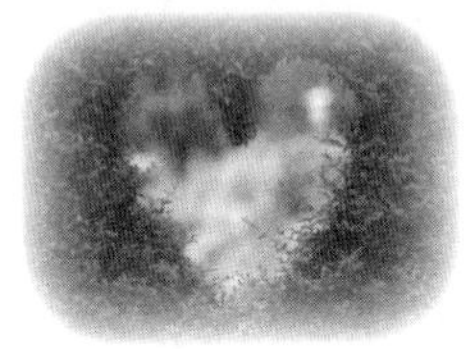

나눔 사랑의 삶이 행복한 삶입니다

내 삶의 여정을 되돌아보니 만감이 교차합니다. 지난 27년간 근무하였던 국민건강보험공단 정년퇴직(2015년도 6월 말)을 앞두고 내 삶의 흔적을 회상하면서 향후 진로와 삶에 대해 수개월 간 많은 생각과 고민을 하게 되었습니다.

그동안 다사다난했던 직장생활을 하면서 나 자신을 지나치게 혹사시켰구나! 하는 생각이 들 정도로 나의 건강은 안 좋아졌고, 그 주된 원인은 스트레스가 큰 작용을 하였다는 것을 알게 되었으며, 이에 무엇보다도 나를 위한 휴식이 필요하다는 것과 나 자신을 사랑하는 삶을 살아야겠다는 생각을 하였습니다.

이런 삶을 살기 위해서는 마음을 비우고 욕심을 버려야 한다는 깨달음 속에 정년퇴직을 하면서 가장 먼저 시작한 일이 내 삶의 꽃인 나눔 사랑을 실천하기 위한 '다솜 자원봉사단'을 창단하게 되었습니다.

봉사단에서 참 좋은 만남과 참 좋은 인연이 된 봉사단원들과 활동을 하면서 '나눔 사랑의 삶이 행복한 삶이다'라는 진리 속에 보다 체계적인 사회공헌활동을 펼치고자 노력하고 있으나, 간혹 마음속으로 갈등을 느끼면서 고민하게 되는 일이 있는데, 그 원인이 봉사단은 봉사자의 자율적인 참여로 활동하는 단체이다 보니 봉사자가 사전연락도 없이 불참을 할 경우 봉사일정에 많은 지장을 주어 황당하고 당혹스러울 때가 있기 때문입니다.

그 속에서도 열심히 참여하는 회원들과 나눔 사랑을 실천

할 수 있기에 감사한 마음입니다. 현 봉사단을 좀 더 안정화 시킨 뒤, 후임 회장이 소외된 어르신들과 상처받은 이웃들에게 따스한 손길을 건네는 봉사단으로 이끌어 나갈 수 있도록 열심히 노력하고 있으며, 굿네이버스 해외아동 결연(2010. 11. 02.)으로 인도 아동의 '부키 레누카'에게 매월 30,000원을 후원하고 있습니다.

그리고 2015년 2월 7일 다솜 자원봉사단 창단준비위원회를 발족, 2015년 2월 16일 다솜 자원봉사단 '인천지역사회봉사단'을 위촉, 2015년 3월 7일 다솜 자원봉사단 창단 기념식 및 총회 개최, 2015년 3월 7일 다솜 자원봉사단과 서천재단 은혜의 집 MOU 체결, 2015년 4월 11일 은혜의 집 어르신들과 함께 '새봄 나들이', 2015년 5월 16일 '다솜 자원봉사단 & IAC 자매결연 및 은혜의집 나눔 사랑 잔치한마당' 개최, 2015년 6월 2일 (사)통일을 위한 북한인권운동본부 사무총장에 임용되어 사무행정 체계를 구축, 같은 해 9월 5일 (사)통일을 위한 북한인권운동본부 발대식 및 다솜 자원봉사단의 '사랑의 짜장면 나눔 잔치' 개최(1,200여 명) 등의 활동을 하였습니다.

중추절『사랑 나눔』김치 한마당
나눔 사랑이 행복한 삶입니다!
나눔 사랑이 행복한 삶입니다!

또한 2015년 11월 28일 '2015 인천 김장 나눔 대축제' 참여, 2016년 1월 16일 '백병원 부설요양원' 자원봉사 및 다솜 자원봉사단 총회 개최, 2016년 2월 26일 (사)통일을 위한 북한인권운동본부 산하 '평화통일 자원봉사단'을 창단하여 2016년 5월 27일부터 29일까지 '2016 통일박람회' 부스 운영, 2016년 6월 2일 평화통일 자원봉사단 '인천지역사회봉사단' 위촉, 2016년 10월 15일 평화통일 자원봉사단에서 북한이탈주민을 위한 '우리는 하나 잔치 한마당'을 열어 북한이탈 주민 위로, 2017년 3월 4일 다솜 자원봉사단 '2017년도 정기총회' 개최, 2017년 4월 15일 은혜의 집 어르신들과 함께 '새봄 나들이', 2017년 5월 27일 은혜의 집 어르신들을 위한 '우리는 하나 사랑 나눔 잔치한마당' 개최, 2017년 6월 24일 은혜의 집 어르신들과 함께 '인천 차이나타운 나들이', 2017년 9월 30일 은혜의 집 어르신들과 함께 '중추절 사랑의 송편 만들기', 2017년 11월 4일 은혜의 집 어르신들과 함께 '제8회 서구 복지박람회' 견학 및 프로그램 참여, 2017년 11월 30일 2017 푸드뱅크 후원자 및 지역사회전문봉사단 송년회 참석, 2017년 12월 16일 다솜 자원봉사단 송년회 등의 활동을 펼쳐왔습니다.

그동안 출간하였던 제1시집~제4시집에 수록된 글 중에서 대표작을 다시 한번 이 지면에 수록하는 점을 널리 양해하여 주시기 바라며, 여러분 가족의 건강과 행복한 삶을 위해 마음속에 '사랑이 꽃피는 뜨락'을 아름답게 만들어 행복한 삶을 이어가시길 기원합니다.

감사합니다.

봄을 기다리며
正巖 李殷旭

제1시집 너는 참 행복하여라

11월 초 날에
내리는 비가
흐릿한 천지를 그렸다

승자와 패자의
환희회한(歡喜悔顔)에 찬
단 웃음과 쓴 웃음
그 종착점을 보았는가?

이내 여정(旅程)의
고난(苦難)강은 얼마인가
요단강(Jordan江) 건너는 날
한줌의 재가 될 인생(人生)이여!

반 채운 네 그릇에
과욕을 덜어내고
삶의 보화(寶貨) 담으면
내일은 지천일 게다

정안된 마음으로
세상을 보니
더 큰 행복이 어디 있는가?

네 뒤를 보아라!
젊은 시절에
승자의 기쁨도 맛보았지

환희로운 순간의
허울 찬 기미(羈靡) 속에
끝의 선함을 알고

이제라도
청심과욕(淸心寡慾)한
너는 참 행복하여라!

제2시집 천상에서 머물 수 있다면

천궁(天宮) 내려와
내시에 선 환희로움도
바람처럼 사라지고

인(人)의 숲에서
울음 운 시간들이
탐욕에 찬 사슬로 묶여

선(善)을 버리고
악(惡)을 채워야 했던
잔존의 짐 내릴 때

결코 지체할 수 없는
초로(草露)와 같이
떠나버릴 환구(幻軀)여!

카론(Charon)을 만나
스틱(Styx)강과
아케론(Acherón)강을 건너면

현세의 길목에
케르베로스가 없다 하여도
나 귀향치 않으리라

추악한 인간(人間)들의
다툼이 없는 곳
천상(天上)에서 머물 수 있다면

제3시집 사랑할 때 떠나라

이 내 사랑이
시들어진 슬픔으로
한 되기 전에

차라리
뼈저린 아픔을
잉태하리라

참 사랑의 이별이
가져다줄
서러운 마음이어도

하염없이 흐르는
눈물 삼키며
이별을 준비하자

차가운 이별 앞에
혼절할 아픔일랑
무변화병(無變花甁)에 담고

잔존의 애심이
지워지기 전에
서러운 이별을 준비하자

가슴 저미는 슬픔에
흘려야 할 눈물이어도
사랑할 때 떠나라

제4시집 모두가 길손인 것을

나 이 세상을
머물다 가는 여정 길에
옷깃 스쳐갈 인연으로

기별도 없이
바람처럼 왔다가
기약도 없이
구름처럼 떠나갈 임이시여

만남이 있기에
이별도 있고
사랑이 있기에
슬픔도 있다 하지만

임이여 떠나시려거든
고운 정, 미운 정
차별 말고 다 이에 두고 가소

재회의 약속 없이
떠나갈 임이어도
나 서러워하지 않으리라

이 내 여정 길에
잠시 머물다 갈
모두가 길손인 것을